İZLENİMLER

YÜZYILLAR ORTAÇAĞ BİLİM TARİHİ

Sekizinci yüzyıldan on altıncı yüzyıla kadar bilim tarihi
izlenimleri- kıtalar kültürler değişimler

2018

DÖRDÜNCÜ YÜZYIL

Kavimlerin birinci göçü belki evrendeki belki toplumbilimdeki birçok olayın anlaşılıp yorumlanmasına yetecek donelerle doludur.

Hun İmpartorluğu Türk kökenli bir imparatorluktur.Doğu'daki Hun toplulukları Çin'in etkisiyle batıya doğru hareket edincebatıda bulunan Batı Hun İmparatorluğu da doğu ve güney Avrupa'ya doğru yönelmiş ve yol güzergahındaki bütün kavimlerin de doğu ve güney Avrupa hatta Britanya ve kuzey Afrika'ya kadar yer değiştirmelerine yerleşmelerine sebep olmuştur.Bu asırlarca süren bir süreçtir.Hunların bölünmesiyle başlar, Avrupa içlerine kitlesel göçlere kadar sürer. **Birinci Kavimler Göçü'nden yüz yıl sonra Batı Roma İmparatorluğu yıkılır.**

Yakın bir zamanda milattan önce kırk bin yılında yapılmış flüt şeklinde bir müzik aleti bulunduğunu düşünecek olursak , bu birinci kavimler göçü günümüze bin altı yüz küsur yıl uzaktır.Kırk bin yıl önceye göre günümüze yakın bir tarihtir.Yazı ve toplumlar arası etkileşim gelen gelen yüzyıllar içinde öyle bir işlevselliğe bürünecektir ki **Romalıların barbar diye nitelendirdiği gelen Cermen kavimleri, Avrupa'yı yurt edindikten sonra sekiz yüzyıl kadar din /hiyerarşi /pagan adetler/ gibi etkenlerle yaşamaya çalışırken bir yandan Roma'nın ilk yazılı kanunlarıyla karşılaşacak, bir yandan üniversiteler kuracak, bir yandan da yeni zaman dilimlerine ve yaşamlarına etki edecek Roma hukuku/On İki**

Levha Kanunları'nı eşitlik ve adaleti tesis etmek üzere yeniden ele alarak şekillendirecektir.

Bu bin yılı aşan bir çabalayış olacaktır.

Bu bin yıl içinde Müslüman topluluklar ile etkileşimde olacaklar hz.Muhammed ve arkasından gelen adalet esaslı yıllar ve Osmanlı Devleti ve İmparatorluğu'n ile komşuluk ve siyasi ilişkiler, ilmi çalışmalarla etkileşimler, hiç şüphesiz bu bin yıla olumlu şekilde etki edecektir.

Roma Hukuku'nda bazı temel bakış açıları şablon olarak Müslümanların yaklaşımına benzemektedir. Eşitlik, bireysel haklar, miras hukuku vb..Şablon olarak temel benzerlikler bulunabilir.

Duygusal ya da düşünsel bir boşluğa insanda da kainatta da yer yoktur.Muhakkak giden birşeyin yerine iyi ya da kötü bir şey gelir.

Madde ve manada sürekli bir hareketlilik..Bilinen evren boyutlarınca madde ve maddenin makro ve nano boyutlarınca bir hareketlilik…

Bir kelebeğin kanat çırpışı uzak bir ülkeyi etkiliyorsa, bir kedinin hoyratça kovulmasının ,bir insanın layık ya da layık olmaksızın ordan oraya yol bulmasının, haksız yere herhangi bir canlının ölümünün de, bütün sistemleri etkileyecek sonuçları neden olmasın?

Birinci Kavimler Göçü de işte böyle bir hareketliliktir.Kelebek etkisi vardır.

Çin Medeniyeti'ne yakın Hun topluluklarının doğuya doğru hareketiyle beraber ,Hun topluluklarında batıya doğru bir sıkışma başlamış ve bu kıpırdanma Avrupa Hun Devleti'nin orta ve güney Avrupa'ya doğru yönelimini doğurmuştur.Böyle **olunca harita üzerindeki bütün kavimler de, Avrupa içlerine ve hatta Kuzey Afrika'ya kadar yer değiştirmişlerdir.**

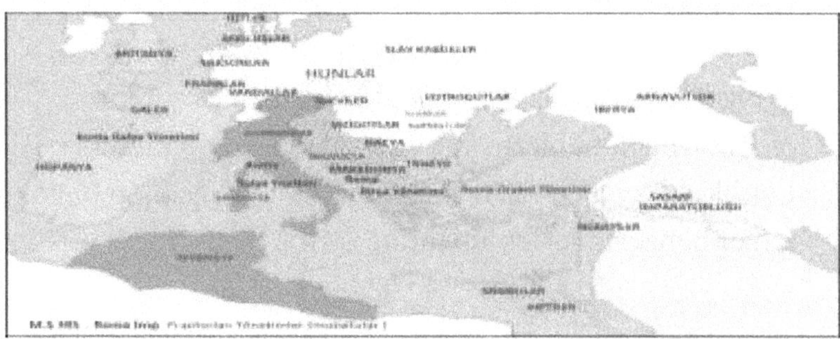

Gelen kavimler Hristiyanlığı kabul etmişler yüzyıl gibi bir süre zarfında Batı Roma İmparatorluğu yıkılımış uzunca bir süre sürecek ortaçağ başlamıştır.Bu göçlerin ardından Batı Roma'nın yıkılışı yüzyılı bulmuştur.Bu Ortaçağ bin yılı aşkın bir süre sürecektir.**Ortaçağ'ın bitmesi için yaklaşık on bir tane yüzyıl geçecektir ki İstanbul fetholunsun.**

Kavimler göçü taa günümüze kadar sosyolojiyi ve bilim tarihini anlamak için çok önemli.

Çünkü Avrupa'da bin yıl sürecek bir pozitif sessizliğe karşın,Orta Asya' da ve Arap Yarımadası'nda dünya tarihi için önemli gelişmeler ve olaylar olmaktaydı…

Arap Yarımadası'nda Muhammed aleyhisselam dünyaya gelirken,Orta Asya'da ilk defa Türk adıyla bir devlet kuruluyordu.Kader bu iki doğuşu gelecek yüzyıllarda birbirine katacaktı.Türkler elli yıl boyunca Çinlilerin egemenliğinde kalacaktı.Tarihin akışındaki dinamikliğe satırların ayak uydurabilmesi dileğiyle…

ALTINCI YÜZYIL

Bu yüzyılda Batı Roma İmparatorluğu tarih sahnesinde bulunmuyor.

Doğu Roma Bizans adıyla anılıyor, varlığını sürdürüp geliştirmeye çalışıyor.Ama veba salgını ve ekonomik sarsıntı ile bir çöküşe sürüklenmekten kurtulamıyor.

Göktürk devleti Çin Seddi'nin kuzeyinde kuruluyor.

Avrupa'da kavimlerin yerleşimleri şekilleniyor.Bu yeni yüzyıla girerken Cermen kavimlerinin Gotların ve Hunların Avrupa'ya gelişlerinin üzerinden kabaca yirmi beş yıl geçmiş oluyor.

Gelen kavimler bu topraklara uyum sağlamış Hristiyanlığı seçmişlerdir.

Roma imparatorluğu doğuda Bizans İmparatorluğu olarak devam etmektedir. Bizans ,parlak bir dönem yaşar.İmparatorluk çok zengin ama ağır vergiler ödeyen halk fakirdir.Sınırlar Kuzey Afrika 'ya kadar ulaşarak Batı Akdeniz Bölgesi'nin kontrolü sağlanmıştır.Elden çıkan Doğu Roma toprakları kazanılmaya çalışılmıştır.Roma Hukuku'nu canlandırma çalışmaları yapılmış,bu kanunlar kitaplaştırılmış ve uygulamaya çalışmıştır.Ayasofya   yapılmıştır.540 yılında veba salgını tüm ülkeyi kırıp geçirerek nüfusta, ekonomik ve sosyal hayatta gerilemelere sebep olmuştur.

Geçen yüzyıl Mısır' da İskenderiye' de Hypatia dinsiz ve şeytan diye taşlanarak öldürülmüştür.Henüz kırk beş yaşındadır.

Oysa -Platon Plotinus ve Aristo' dan etkilenmiş-devrinin en iyi eğitimini almış, matematikçi ,astronom ve bir bilge olarak başkalarını da etkilemiş bir bilim insanıdır.

Aritmetik üzerine 13 ciltlik bir kitap,konikler üzerine,Öklid elementleri üzerine ve almagest üzerine fikirlerini yazdığı kitapları vardır.

Köle ticaretleri,ipek at kürk şarap silah ticaretleri, askerlik, vergiler, haraçlar, bölgesel farklılıklar içinde bu yüzyılda işlevsel.

Fetihlerle Göktürk Kağanlığı'nın sınırları güneyde Çin Seddi'nden kuzeyde Buz Denizi'ne, doğuda Kore'den batıda Karadeniz'e kadar uzanmış, **Orta Asya'yı bir uçtan bir uca kaplamış durumda.**

Budizm Çin Vietnam ve Japonya da etkin olmaya başlıyor.

571 yılında Arabistan yarımadası'nda Hz.Muhammed dünyaya geliyor.

Peygamberlik tebliği bir sonraki yüzyıla dahil.

Peygamberliğinden önce ve sonra ahlakında hiçbir sapma yok.Doğru konuşuyor,akrabalarını gözetiyor,ihtiyaç sahiplerine yardım ediyor,misafirlerini ağırlıyor,haksızlığa karşı çıkıyor…

Karşı çıkışı şahsi bir öfkelenme ile bağırıp çağırma ile örüntülü değil.Çözüm odaklı , kişiyi ve topluluğu iyi analiz eden bir tavır içinde.Bağırıp çağırmadan çözüm odaklı yaklaşımlarla sorunlar hallediliyor.

Arap Yarımadası'nda çöller ve çöller içinde dağılmış yerleşim yerleri mevcut.Bölgede etkin güç Bizans ve Sasani imparatorlukları.

Arabistan' da insanlardan bir kısmı heykellere tapıyor.Bir kısım tek tanrı inancına sahip.Hristiyanlar ya da Yahudiler yaşıyor. Bu topluluklarda bir peygamberin geleceği bilgisi ve beklentisi var.Hz.Muhammed doğmadan elli- elli beş gün önce Kabe'de fil vakası yaşanıyor.Bu vaka daha sonra Kuran ı Kerim' de de anlatılıyor.

Hz.Muhammed doğmadan önce babasını , altı yaşındayken annesini kaybediyor.Dedesinin ve amcası Ebu Talib' in himayesinde büyüyor.Yaşadığı toplumda insanlar ''emin/güvenilir'' sıfatıyla kendisinden bahsediyor. Ondaki bu fazileti gören hz.Hatice, hz.Muhammed' e evlilik teklifinde bulunuyor,evleniyorlar.Ve hz.Hatice' nin vefatına kadar mutlu bir evlilik sürdürüyorlar.hz.Muhammed hz.Hatice'nin vefatından yıllar sonra bile, Hz.Hatice'nin akrabalarına hep vefalı oluyor.

Herkes O'nun hiç yalan konuşmadığı, erdemli ve iffetli olduğu konusunda hemfikir.O da ataları İbrahim'in dinine inanmakta.Soyağacı Hz.İbrahim ve onun oğlu hz.İsmail'e dayanmakta.Bu silsile biliniyor.

Bu yüzyılın sonunda Hz.Muhammed 29,hz.Hatice 44 yaşında.

Toplumda fazilet sahibi insanlar da var.Ama genel olarak kabalık, bağnazlık ve kibir üst seviyede.Kız çocuklarından utanıp da diri diri toprağa gömen insanlar var..Ki yıllar sonra bu hallerini büyük bir üzüntü ile hatırlayacaklar.

YEDİNCİ YÜZYIL

Bu yüzyıl Bizans eyaletleri dünya tarihi adına sessizlik içindedir.Perslerle savaşa son verilir.

Arap Yarımadası' nda bir topluluk daima güvendikleri ve mecnun olmayan bir elçiye karşı,peygamberlik mucizelerine ve insanca olanı telkin etmesine rağmen hakaret etmekte,kendisine ve müntesiplerine eziyet edip üzerine işkembe atmaktadır.

Yin-Şan Dağı ve vadileri Türk Milleti'nin tarihte önemli bir ayrıntısıdır.Çin egemenliği ile geçen elli yılın sonlarına doğru başbuğ Kutluk Yin Şan Dağlarına kaçar.Ondan cesaret alan diğer Türk boyları da Yin-Şan Dağları'na yönelir.Ve buradaki vadilere yerleşir.Böylece Çinlilerin saldırısından korunurlar ve sayıları artar.Tonyukuk, Kutluk'u yeniden bir Türk Devleti kurma için teşvik eder ve böylece İkinci Gökürk Kağanlığı kurulur.

Birinci Göktürk Kağanlığı bu yüzyılın ilk çeyreğinden sonra yıkılmışken,son çeyreğinde İkinci Göktürk Kağanlığı tarih sahnesine çıkar.

Hz.Muhammed   hiç yalan konuşmayan, erdemli ve iffetli ,akrabasını gözeten,yolda kalmış ve yetime yardım eden,isteyene 'hayır' demeyen vereceği bir şey yoksa ses çıkarmayan biridir.Çağında astronomi,coğrafya,felsefe,matematik vb..gibi eğitimler alınabilirken okuma yazma öğrenmemiş bir insandır.

Bulunduğu toplumda insancıl olmayan adetler vardır.Kölelik sistemi halaa geçerlidir.Asla değiştirilemeyecek olması toplumsal bir kabul görmüş yasaklar ve uygulamalar vardır.Mesela bir köle sahibinin çocuğu sayılır ve sahibi o kişi ölse ya da eşinden ayrılsa bile kölesinin eski hanımıyla evlenememektedir.Bu belki çok önemli değildir.Ama evrensel olarak insan özgürlüğüne aykırı bir yasaktır.Bu dirençli adeti Hz.Muhammed hürriyete kavuşturduğu kölesi Zeyd'in ,ayrıldığı hanımıyla- Kur'an da Allah ın emriyle evlenerek- toplumdan kaldırmıştır.Bu evlilik ona da da çok ağır gelmiştir.Ama insanlık tarihinde yasak olamayacak birşeyin kaldırılması adına çok önemlidir.

Yirmi iki yıl boyunca kendisine altı bin altı yüz altmış altı vahiy gelmiştir.Yaşadığı dönemde tek bir sayfa Kur'an inmişken ona inananlar olmuştur.Hz.Hatice gibi. Bazıları yirmi sayfa inmişken, bazıları yüz sayfa inmişken bazıları ömrü yettiyse tüm sayfalar tamamlanmışken inanmış,bazıları ne bir sayfasına ne on sayfasına ne de tamamına inanmıştır.Bazıları herşeyin tastamam olduğunu kabul etmiş fakat neden kendilerinden birine değil de Hz.Muhammed'e peygamberlik geldiğini düşünerek tavır alıp uzak düşmüştür.

Bazıları da geçen yıllar içinde Hz. Muhammed'in kötü söz söylemeyen, kabalık yapmayan, haksızlığa kimden ve neden olursa olsun karşı çıkan, küskünlük yapıp ilişkilerini kesmeyen tavrına daha fazla kayıtsız kalamamış,sonunda içindeki bendleri yıkarak ona olan sevgisini ve inancını itiraf etmiştir.

Altı yüz yirmi iki yılında Mekke' den Medine' ye hicret etmiş,iki yıl sonra Mekkeliler onu ve arkadaşlarını dediğinden ve inançlarından vazgeçirmek,vazgeçmezlerse öldürmek için Bedir' e toplanıp gelmişlerdir.

İki yıl sonra yine Hz.Muhammed ve arkadaşlarını dediğinden vazgeçirmek vazgeçmezlerse öldürmek için bir daha gelmişlerdir.Gelenler de Hz.Muhammed ve arkadaşlarının ya amcası ya abisi ya babası illa içlerinden birinin birşekilde yakınlarıdır.

Daha sonra bir daha gelmişler,gelmişlerdir…Hz.Muhammed ve arkadaşları kendilerini savunmak zorunda kalmışlar, bazıları şehit olmuştur.

Mekke'liler bazıları itibariyle geçen bu yıllar içinde dediklerinden vazgeçmeseler de kendilerine saldırmayan bu insanlara saldırmaktan yorgun düşmüşler, biraz da yaptıklarından mahcup olmuşlardır.

Hz.Muhammed -tarihte Mekke'nin fethi diye geçer-altı yüz otuz iki yılında Mekke'ye gelmiş,saldırmamış,kan dökmemiş Mekkeliler de gelen bu tanıdık ve yakınlarına direnmemiş, Kabe'yi de Mekke'yi de vermiştir.

Davetini destekleyen birçok mucizeleri olmuştur.Peygamberliği kalem ve kağıdın işlevsel hale geldiği bir döneme denk geldiği için bu mucizeler şahitleriyle ve kalemle kağıtla ispatlarıyla kayıt altına alınmıştır.

Altmış üç yaşında vefat etmiş,çevresinde ona inananlarla çok büyük işler başarmalarına rağmen bu başarları kendinden bilmemiş, elçi olarak yaşamış elçi olarak vefat etmiştir.Daha zengin olmamıştır.Ailesine maddi bir zenginlik iradi olarak yaşatmamıştır.Kimsenin ahireti unutup da dünyaya dalmasını arzu etmemiştir.

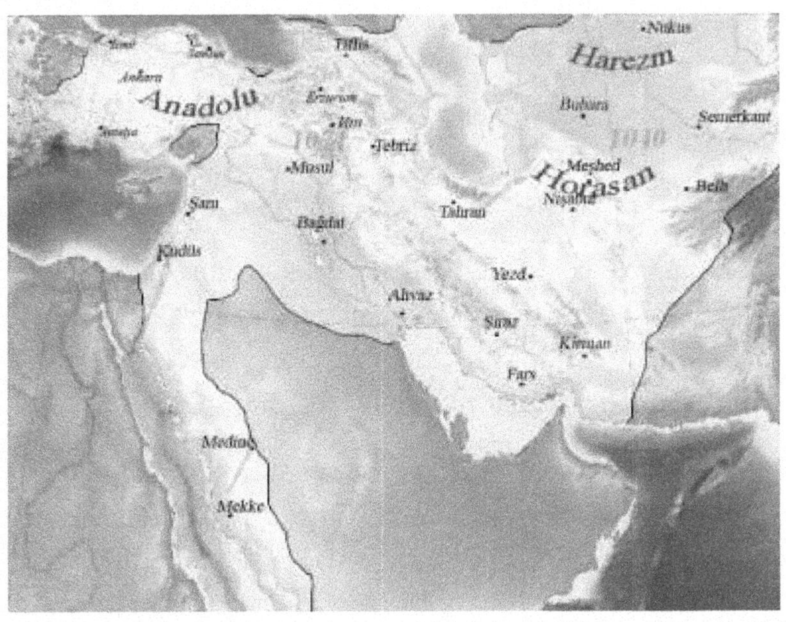

ORHUN ABİDELERİ

Orhun Abideleri yedinci yüzyıldan bugüne kadar Türk Milleti'ne seslenir,birşeyler nasihat eder.Millet kavramını Türk Milleti'nin fertlerine nakşeder.Devlet ve birlik kavramlarını diri tutar.

Öyle ki asırlarca kişiliği yüce tertemiz bir millet olarak tarihe damga vuracak Türk Milleti örfü,töresi,askeri ve siyasi yaşamıyla,zor zamanlarda içinden çıkardığı kurtarıcılarıyla-Kutluk Kağan, Tonyukuk -bir hamur gibi mayalanır.Bu maya öylesine tutar ki sonraki asırlarda tarihin önemli dönemeçlerinde ya söz sahibi olur,ya da pay sahibi olur.

Kültigin Anıtı'nda Neler Yazıyor?

Kül Tigin koyun yılında on yedinci günde uçtu. Dokuzuncu ay, yirmi yedinci günde yas töreni tertip ettik. Türbesini, resimini,1 kitabe taşını maymun yılında yedinci ay, yirmi yedinci günde hep bitirdik. Kül Tigin kendisi kırk yedi yaşında bulut çöktürdü … Bunca resimciyi Tuygut vali getirdi.

-

[1] Bunca yazıyı yazan Kül Tiginin yeğeni Yollug Tigin, yazdım. Yirmi gün oturup bu taşa, bu duvara hep Yollug Tigin, yazdım. Değerli oğlunuzdan, evlâdınızdan çok daha iyi beslerdiniz. Uçup gittiniz. Gökte hayattaki gibi…

-

Bir yılda beş defa savaştık. En önce Togu Balıkta savaştık.

..

Kül Tigin Azman akına binip atılarak hücum etti. Altı eri mızrakladı. Askerin hücumunda yedinci er"i kılıçladı. İkinci olarak Kuşalgukta Ediz ile savaştık. Kül Tigin Az yağızına binip, atılarak hücum edip bir eri mızrakladı.

..

Dokuz eri çevirerek vurdu. Ediz kavmi orda öldü. Üçüncü olarak Bolçuda Oğuz ile savaştık. Kül Tigin Azman akına binip hücum etti, mızrakladı. Askerini mızrakladık, ilini aldık. Dördüncü olarak Çuş başında savaştık.

..Türk

[7] milleti ayak titretti. Perişan olacaktı. İlerleyip gelmiş ordusunu Kül Tigin püskürtüp, Tongradan bir boyu, yiğit on eri Tonga Tigin mateminde çevirip öldürdük. Beşinci olarak Ezginti Kadızda Oğuz ile savaştık. Kül Tigin

Az yağızına binip hücum etti. İki eri mızrakladı, çamura soktu. O ordu orda öldü. Amga kalesinde kışlayıp ilk baharında Oğuza doğru ordu çıkardık. Kül Tigini evin başında bırakarak, müdafaa tedbiri aldık. Oğuz düşman, merkezi bastı. Kül Tigin

öksüz akına binip dokuz eri mızrakladı, merkezi vermedi. Annem hatun ve analarım, ablalarım, gelinlerim, prenseslerim, bunca yaşayanlar cariye olacaktı, ölenler yurtta yolda yatıp kalacaktınız.

[10] Kül Tigin olmasa hep ölecektiniz. Küçük kardeşim Kül Tigin vefat etti. Kendim düşünceye daldım.1 Görür gözüm görmez gibi, bilir aklım bilmez gibi oldu. Kendim düşünceye daldım. Zamanı Tanrı yaşar. İnsan oğlu hep ölmek için türemiş.

Öyle düşünceye daldım. Gözden yaş gelse mani olarak, gönülden ağlamak gelse geri çevirerek düşünceye daldım. Müthiş düşünceye daldım. İki şadın ve küçük kardeş yeğenimin, oğlumun, beylerimin, milletimin gözü kaşı kötü olacak diyip düşünceye daldım. Yasçı, ağlayıcı olarak Kıtay, Tatabı milletinden başta

[12] Udar general geldi. Çin kağanından İsiyi Likeng geldi. On binlik hazine, altın, gümüş fazla fazla getirdi. Tibet kağanından vezir geldi. Batıda gün batısındaki Soğd, İranlı, Buhara ülkesi halkından Enik general, Oğul Tarkan geldi.

[13] On Ok oğlum Türgiş kağanından Makaraç mühürdar, Oğuz Bilge mühürdar geldi. Kırgız kağanından Tarduş İnançu Çor geldi. Türbe yapıcı, resim yapan, kitabe taşı yapıcısı olarak Çin kağanının yeğeni Çang general geldi.

> Yazıttan bazı kısımlar alınmıştır. Bilge Kağan ve Kültigin'in babaları Kutluk Kağan öldüğünde Bilge Kağan da Kültigin de küçüktür. Amcaları Kağan olur.Amcası vefat edince Kültigin ağabeyi Bilge Kağan'ı tahta oturtur ve kendisi de **daima** ağabeyini destekler.Savaşlarda ordunun başında bulunur.Tonyukuk babalarının nasıl yanındaysa tecrübeleriyle Bilge Kağan ve Kültigin'in de yanındadır.Bilge Kağan'ın hükümdarlığı zamanında kağanlık zirve dönemine ulaşırken bir yandan da önce Kültigin ardından Tonyukuk vefat eder. Bilge kağan yalnız kalır.İç çekişmeler başgösterir,zehirlenerek,öldürülür.Yıl 734.

On bir yıl sonra Uygur Türk Devleti sekizinci yüzyılda kurulur.

Bilge Kağan Yazıtı'nda Neler Yazıyor?

Bilge Kağan Yazıtı ise bambaşka bir hitabet gücüne sahiptir.Adeta Bilge Kağan günümüze gelerek seslenir.Seslenişinde Türk Milleti'nin özgürlüğünü kaybetmemesi için hissettiği bir iç sansıcı belirir.Türk Milleti'ni sever ama döneminde eksik ve zayıf yanlarını görmüş,bir şablon olarak iyi tahlil etmiştir.Sevgisi içtendir ama hiçbir zaman kusursuz ve mükemmel olduklarını söylemez.Tam tersi bazı aldanışları olduğunu,bazı aldanışlara düşmemeleri gerektiğini bunu başarırsa dirlik ve düzenini kimin neden ve niçin bozacağını yani bozamayacağını anlatır.Yüzyıllardır da anlatmaktadır.Bu kitabeler gerçek bir iç sansıcısı ile yazılmış,çok ileri görüşlü hatıratlardır.

Ayrıca Bilge Kağan Yazıtı'nda, müthiş bir tek tanrı inancı dikkati çeker.İfadelerinde başarıyı kendinden bilmemekte herşeyi Tanrı'nın verdiği bir nasip ile yaptığını ifade etmektedir.Bu o dönem için müthiş bir ilimdir.Çünkü ''güç ve kuvvet Allah'tandır'' hakikatine uygundur ama bilinen Türklerin henüz İslamiyetle tanışmadığıdır.

Ayrıca Bilge Kağan döneminde neler yaptıklarını,başardıklarını bu kitabelerde anlatmıştır.

Burada metinden bazı kısımlar alıntılanmıştır:

Kuzey Yüzü

1] Tanrı gibi gökte olmuş Türk Bilge Kağanı, bu zamanda oturdum. Sözümü tamamiyle işit. Bilhassa küçük kardeş yeğenim, oğlum, bütün soyum, milletim, güneydeki şadpıt beyleri, kuzeydeki tarkat, buyruk beyleri, Otuz Tatar, … Dokuz Oğuz beyleri, milleti! Bu sözümü iyice işit, adamakıllı dinle: Doğuda gün

2] doğusuna, güneyde gün ortasına, batıda gün batısına, kuzeyde gece ortasına kadar, onun içindeki millet hep bana tâbidir. Bunca milleti hep düzene soktum. O şimdi kötü değildir. Türk kağanı Ötüken ormanında otursa ilde sıkıntı yoktur. Doğuda Şantung ovasına kadar ordu sevk ettim, denize ulaşmama az kaldı. ….

[6] bilmez kişi o sözü alıp, yakına varıp, çok insan öldün! O yere doğru gidersen Türk milleti, öleceksin! Ötüken yerinde oturup kervan, kafile gönderirsen hiç bir sıkıntın yoktur. Ötüken ormanında oturursan ebediyen il tutarak oturacaksın. Türk milleti, tokluğun kıymetini bilmezsin. Acıksan tokluk düşünmezsin. Bir doysan açlığı düşünmezsin. Öyle olduğun için beslemiş olan kağanının

[7] sözünü almadan her yere gittin. Hep orda mahvoldun, yok edildin. Orda, geri kalanınla, her yere zayıflayarak ölerek yürüyordun. Tanrı buyurduğu için, kendim devletli olduğum için kağan oturdum. Kağan oturup aç, fakir milleti hep toplattım. Fakir milleti zengin kıldım. Az milleti çok kıldım. Yoksa bu

[8] sözümde yalan var mı? Türk beyleri, milleti, bunu işitin! Türk milletini toplayıp il tutacağını burda vurdum. Yanılıp öleceğini yine burda vurdum. Her ne sözüm varsa ebedî taşa vurdum. Ona bakarak bilin. Şimdiki Türk milleti, beyleri, bu zamanda itaat ^en beyler olarak mı yanılacaksınız? Baba.

[9] kağan, amcam kağan oturduğunda dört taraftaki nıilleti nasıl düzene sokmuş ... Tanrı buyurduğu için kendim oturduğumda dört taraftaki milleti düzene soktum ve tertipledim ... kıldım. ... Türgiş kağanına kızımı... fevkalâde büyük törenle alı verdim. Türgiş kağanının

[10] kızını fevkalâde büyük törenle oğşluma alı verdim ... fevkalâde büyük törenle alı verdim ... yaptırdım ... başlıya baş eğdirdim, dizliye dik çöktürdüm. Üstte Tanrı, altta yer bahşettiği için

[14] kendin iyilik göreceksin, evine gireceksin, dertsiz olacaksın. ... Ondan sonra Çin kağanından resimciyi hep getirttim. Benim sözümü kırmadı, maiyetindeki resimciyi gönderdi. Ona bambaşka

türbe yaptırdım. İçine dışına bambaşka resim vurdurdum. Taş yontturdum. Gönüldeki sözümü vurdurdum ...

15] On Ok oğluna, yabancına kadar bunu görüp bilin! Ebedî taş yontturdum ... yontturdum, yazdırdım. ... O taş türbesini ...

Doğu Yüzü

[1] Tanrı gibi Tanrı yaratmış Türk Bilge Kağanı, sözüm: Babam Türk Bilge Kağanı ... Sir, Dokuz Oğuz, İki Ediz çadırlı beyleri, milleti ... Türk tanrısı

[2] üzerinde kağan oturdum. Oturduğumda ölecek gibi düşünen Türk beyleri, milleti memnun olup sevinip, yere dikilmiş gözü yukarı baktı. Bu zamanda kendim oturup bunca ağır töreyi dört taraftaki ... dim. Üstte mavi gök, altta yağız yer kılındıkta, ikisi arasında insan oğlu kılınmış.

[3] İnsan oğlunun üzerine ecdadım Bumın Kağan, İstemi Kağan oturmuş. Oturarak Türk milletinin ilini, töresini tutu vermiş, düzene soku vermiş. Dört taraf hep düşman imiş. Ordu sevk ederek dört taraftaki milleti hep almış, hep tâbi kılmış. Başlıya baş eğdirmiş, dizliye dik çöktürmüş. Doğuda Kadırkan ormanına kadar, batıda

[4] Demir Kapıya kadar kondurmuş. İkisi arasında pek teşkilâtsız Gök Türkü düzene sokarak öylece oturuyormuş. Bilgili kağan imiş, cesur kağan imiş. Buyruku bilgili imiş tabiî, Cesur imiş tabiî. Beyleri

de milleti de doğru imiş. Onun için ili öylece tutmuş tabiî. İÜ tutup töreyi düzenlemiş. Kendisi öylece vefat etmiş.

[5] Yasçı, ağlayıcı, doğuda gün doğusundan Bökli Çöllü halk, Çin, Tibet, Avar, Bizans, Kırgız, Üç Kurıkan, Otuz Tatar, Kıtay, Tatabı, bunca millet gelip ağlamış, yas tutmuş. Öyle ünlü kağan imiş. Ondan sonra küçük kardeşi kağan olmuş tabiî, oğulları kağan olmuş tabiî. Ondan sonra küçük kardeşi büyük kardeşi gibi

10] Türk Tanrısı, mukaddes yeri, suyu öyle tanzim etmiştir. Türk milleti yok olmasın diye, millet olsun diye, babam İltiriş kağanı, annem İlbilge Hatunu göğün tepesinden tutup yukarı kaldırmıştır. Babam kağan on yedi erle dışarı çıkmış. Dışarı yürüyor diye ses işitip şehirdeki dağa çıkmış, dağdaki

11] inmiş. Toplanıp yetmiş er olmuş. Tanrı kuvvet verdiği için, babam kağanın askeri kurt gibi imiş, düşmanı koyun gibi imiş. Doğuya batıya asker sevk edip toplamış, yığmış. Hepsi yedi yüz er olmuş. Yedi yüz er olup ilsizleşmiş, kağansızlaşmış milleti, cariye olmuş, kul olmuş milleti, Türk töresini bırakmış

[12] milleti, ecdadımın töresince yaratmış, yetiştirmiş. Tölis, Tarduş milletini orda tanzim etmiş. Yabguyu, şadı orda vermiş. Güneyde Çin milleti düşman imiş. Kuzeyde Baz Kağan, Dokuz Oğuz kavmi düşman imiş. Kırgız, Kurıkan, Otuz Tatar, Kıtay, Tatabı hep düşman imiş. Babam kağan °unca.... Kırk

[13] yedi defa ordu sevk etmiş, yirmi savaş yapmış. Tanrı lütfettiği için illiyi ilsizletmiş, kağanlıyı kağansızlatmış., düşmanı tâbi kılmış, dizliye diz çöktürmüş, başlıya baş eğdirmiş. Babam kağan öylece ili, töreyi kazanıp, uçup gitmiş. Babam kağan için ilkin Baz Kağanı balbal olarak dikmiş. Babam

[14] kağan uçtuğunda kendim sekiz yaşında kaldım. O töre üzerine amcam kağan oturdu. Oturarak Türk milletini tekrar tanzim etti, tekrar besledi. Fakiri zengin kıldı, azı çok kıldı. Amcam kağan oturduğunda kendim prens ... Tanrı

15] on dört yaşımda Tarduş milleti üzerine şad oturdum. Amcam kağan ile doğuda Yeşil Nehire, Şantung ovasına kadar ordu sevk ettik. Batıda Demir Kapıya kadar ordu sevk ettik. Kögmeni aşarak Kırgız ülkesine kadar ordu sevk ettik.Yekun olarak yirmi beş defa ordu sevk ettik, on üç defa savaştık, illiyi ilsizleştirdik, kağanlıyı kağansızlaştırdık. Dizliyebuyurduğu için

[16] diz çöktürdük, başlıya baş eğdirdik. Türgiş kağanı Türküm, milletim idi. Bilmediği için, bize karşı yanlış hareket ettiği, ihanet ettiği için kağanı öldü, buyruku, beyleri de öldü. On Ok kavmi eziyet gördü. Ecdadımızın tutmuş olduğu yer, su sahipsiz kalmasın diye Az milletini tanzim ve tertip edip ... Bars bey

[17] idi. Kağan adını burda biz verdik Kız kardeşim prensesi verdik. Kendisi ihanet etti, kağanı öldü, milleti cariye, kul oldu. Kögmenin yeri, suyu

sahipsiz kalmasın diye Az, Kırgız milletini tanzim ve tertip edip geldik. Savaştık ... ilini geri verdik. Doğuda Kadırkan ormanını aşarak milleti öyle kondurduk, öyle düzene soktuk. Batıda

[18] Kengü Tarbana kadar Türk milletini öyle kondurduk, öyle düzene soktuk. O zamanda kul kullu, cariye cariyeli olmuştu. Küçük kardeş büyük kardeşini bilmezdi, oğlu babasını bilmezdi. Öyle kazanılmış, öyle düzene sokulmuş ilimiz, töremiz vardı. Türk, Oğuz beyleri, milleti işit: Üstte gök basmasa, altta yer delinmese,

[19] Türk milleti, ilini, töreni kim bozabilecekti? Türk milleti, vaz geç, pişman ol! Disiplinsizliğinden dolayı, beslemiş olan kağanına, hür ve müstakil iyi i^ne karşı kendin hata ettin, kötü hâle soktun. Silâhlı nereden gelip dağıtarak gönderdi? Mızraklı nereden gelerek sürüp gönderdi? Mukaddes Ötüken ormanının milleti, gittin! Doğuya giden, gittin! Batıya,

[20] giden, gittin! Gittiğin yerde hayrın şu olmalı: Kanın nehir gibi koştu. Kemiğin dağ gibi yattı. Beylik erkek evlâdını kul kıldın. Hanımlık kız evlâdını cariye kıldın. O bilmemenden dolayı, kötülüğün yüzünden amcam kağan uçup gitti. Önce Kırgız kağanını balbal olarak diktim. Türk milletinin adı sanı yok olmasın diye, babam kağanı,

[21] annem hatunu yükselten Tanrı, il veren Tanrı, Türk milletinin adı sanı yok olmasın diye, kendimi o Tanrı kağan oturttu tabiî. Varlıklı, zengin millet

üzerine oturmadım. İçte aşsız, dışta elbisesiz; düşkün, perişan millet üzerine oturdum. Küçük kardeşim Kül Tigin, iki şad, küçük kardeşim Kül Tigin ile konuştuk. Babamızın,

[22] amcamızın kazanmış olduğu milletin adı sanı yok olmasın diye Türk milleti için gece uyuyamadım, gündüz oturmadım. Küçük kardeşim Kül Tigin ile, iki şad ile öle yite kazandım. Öyle kazanıp bütün milleti ateş, su kılmadım. Ben kendim kağan oturduğumdan her yere gitmiş olan millet yaya olarak, çıplak olarak, öle yite geri

[23] geldi. Milleti besleyeyim diye kuzeyde Oğuz kavmine doğru; doğuda Kıtay, Tatabı kavmine doğru; güneyde Çine doğru on iki defa ordu sevk ettim ... savaştım. Ondan sonra Tanrı buyurduğu için, devletim, kısmetim var olduğu için, ölecek milleti diriltip besledim. Çıplak milleti elbiseli kıldım. Fakir milleti zengin kıldım.

[24] Az milleti çok kıldım. Değerli illiden, değerli kağanhdan daha iyi kıldım. Dört taraftaki milleti hep ^bi kıldım, düşmansız kıldım. Hep bana itaat etti. On yedi yaşımda Tanguta doğru ordu sevk ettim. Tangut milletini bozdum. Oğlunu, karısını, at sürüsünü, servetini orda aldım...

YEDİNCİ YÜZYIL-devam

Hz.Muhammed'in ölümünden sonra yüzbin kadar sahabi dünyanın çeşitli yerlerine hicret etmiştir. Sa'd bin ebi Vakkas' a Çin'de rastlıyoruz.Bu yüzyılda kendisinden sonra dört yakın arkadaşının dört halife devri vardır.Hz.Osman döneminde sınırlar Türklerle yakınlaşıyor.

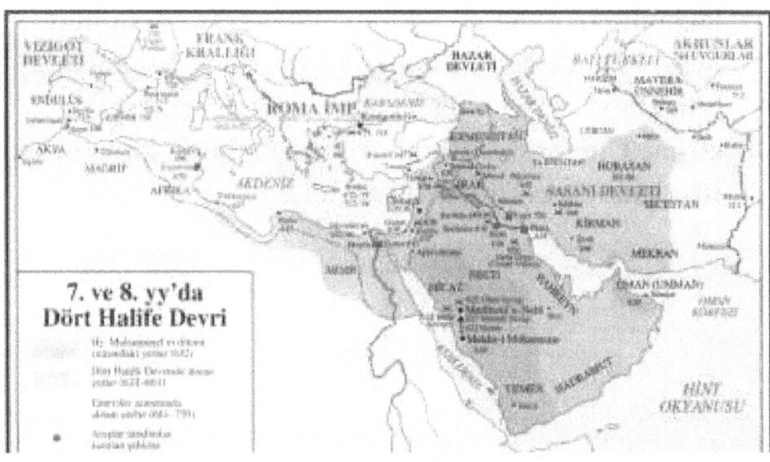

Emevi Devleti tarih sahnesine çıkar.

Bir yol haritası

''Küçük cihaddan büyük cihada döndük.''
Hz.Muhammed

Bu söz belki de saf bir inancın ve bu inancın müntesiplerinini yol haritasını çizen bir sözdür.

İnsanın donanımında canının her istediğini yapmayı,her istediğini seçmeyi isteyen,istediğini istediği kadar çok yemek,istediğini istediği kadar çok tatmak,istediğine istediği kadar sahip olmak,istediği gibi yaşamak isteyen bir yan vardır.Anatomiye,psikolojiye,sosyolojiye ve temel insan haklarına rağmen istekler başgösteriverir.İsteklerine keyfince kavuşurken, gözünü yıldızlara diktiğini zannedip de ayağının altındaki çimenleri ezdiren,karıncaların üzerine taşımayacak yükler bindiren bir yan vardır.

Bu ''nefis'' diye tanımlanmış,nefsin terbiye edilebileceği kitaplara yazılmış bunun yolu da <u>nefsin her istediğine varmaması ama yeterince de istediğine ulaşması şeklinde</u> belirlenmiştir.

Bu konu başlı başına bir psikolojik-tasavvufi ve reel-teolojik bir içeriktir.

Doğan Cüceloğlu'nun ''İçimizdeki Çocuk'' adlı kitabında nefsin, içemizdeki çocuk tanımıyla bir görünür bir kaybolur şeklinde izi sürülebilir.

Nefisle sürekli diyaolog halinde olmak zorlu bir meseledir.

Büyük cihaddan kasıt nefisle olan mücahededir.

İşte bu yol haritası ve nefisle diyalog, yukarıdaki sözle/hadis i şerif o kadar muntazam özetlenmiştir ki,bahsi geçen bu hadis her daim baştacı edilebilseydi herhalde insanlar birbirlerini çekiştirmeye zaman bulamazlardı.

Eşitsizlik ve adaletsizlik yapılmazdı.

Hangi inanç ve kültür olursa olsun, tarih sahnelerinde hakikatler karşısında insanlar korkuyla lal kesilmezdi.

İnsanlar yıllar boyu başkalarının miras hakları üzerinden menfaatlenmez,önce her hak sahibine nefsine ağır gelse bile, istemeye istemeye olsa bile hakkını verirdi.

Bir hakikat sevilmeyen birinin bile ağzından çıksa bile baş göz üstüne kabul edilirdi.

İnsanlar bireysel bendlerinden azade olabilirdi.

''Başka türlü de düşünmek mümkün olabilir'' denebilir,çözümsüzlükten ziyade çözüm odaklı bir başka yol da her daim bulunabilirdi.

Bir suskunda bir kitap okunabilirdi.

<u>Bahsi geçen küçük cihaddan büyük cihada geçip hep orada kalınabilseydi.</u>

İşte Hz.Muhammed ve O'nun ardından tam O'nun izinden gitmeye çalışılan dört halife devrinin ardından geçen yıllar içinde de sınırlar genişler,Ortadoğu ve Asya'ya Kuzey Afrika'ya Akdeniz sahillerine ulaşılır.

Bu coğrafyada yeni ulaşılan yerlerle karşılıklı bir kültürel etkileşim ve bilgi aktarımları olmaktadır.<u>Kalem işlevsel ve ilim önemlidir.</u>

Hz.Muhammed'in hayatının izlerini sürmek sözlerini hiç arızasız derlemek için çok titiz çalışmalar yapılır,bunun için seyahatler yapılır.Bazen en küçük bir ayrıntıdan dolayı o söz sıhhatli bulunmaz ve geri dönülür.

Hz.Muhammed'in izini sürmek, kainata göklere yıldızlara coğrafyaya tıbba zoolojiye botaniğe hayata da açılıp iz sürmek demektir.

Ki nitekim kendisinden sonra yetişen bilgeler/alim hem bilim hem de metafizik anlam donanımlı ve gerçekçi,insanı tabiatta tabiatta insanı okuyan çapta kimselerdi.Çağının bilgisi ile donanımlı ve çağlarını aşkın olmuşlardır.Numan bin sabit,İmam Gazali vb.

Tarihte Bedir Savaşı diye geçen süreçte,Mekkeliler hz.Muhammed ve arkadaşlarını inançlarından vazgeçirmek vazgeçmezlerse öldürmek niyetiyle geldiklerinde bir harp olmuştu ve Müslümanların ellerinde esirler vardı.

Yapılan anlaşmaya göre o esirlerden okuma yazma bilenler <u>okuma yazma bilmeyenlere okuma yazmayı öğretmeleri şartıyla s</u>erbest kalabiliyordu.

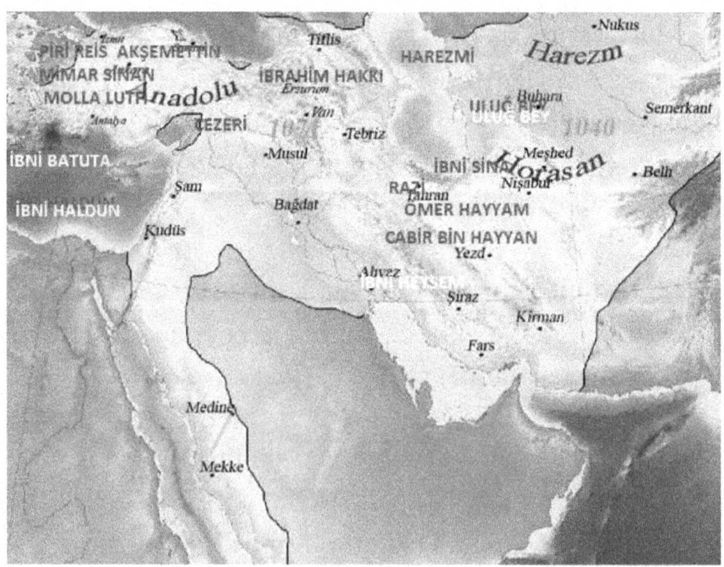

Bu harita yedinci yüzyıl ile onaltıncı yüzyıl arası meşhur bilim insanlarını coğrafyalarına göre göstermektedir.

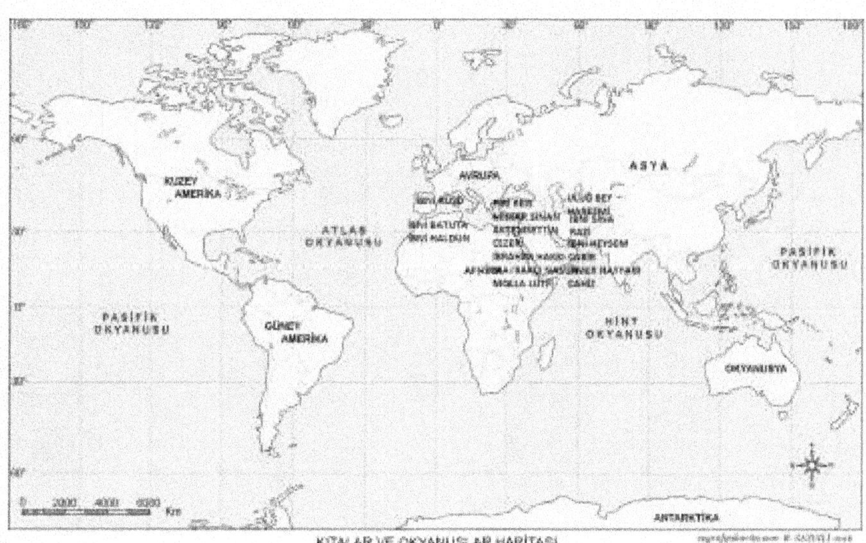

Bilim üsleri:

ÖZBEKİSTAN   HORASAN   REY NİŞABUR

GÜNEYDOĞU ANADOLU

İSTANBUL

KURTUBA ŞEHRİ

FAS

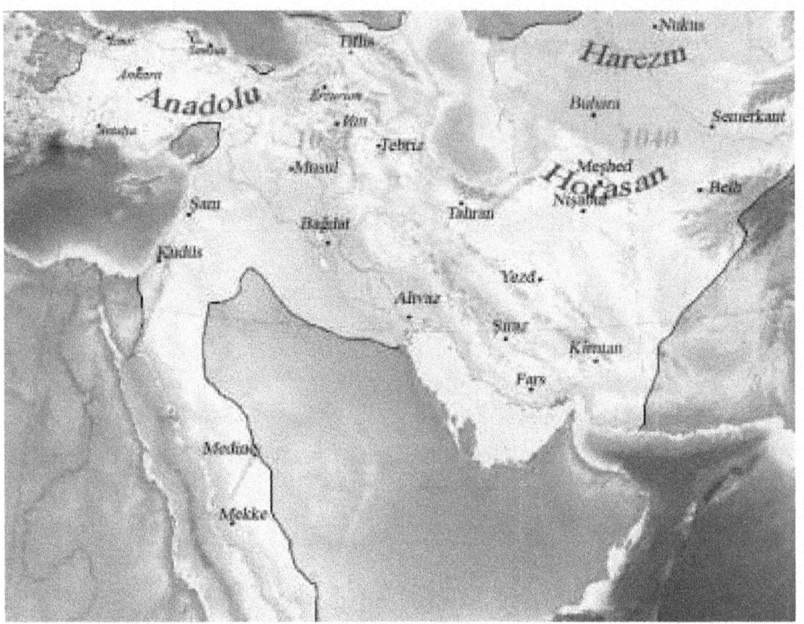

İşte hz.Muhammed'in yirmi iki yıl süren peygamberlik dönemi bireylerde ve sosyolojik olgu ve yaklaşımlarda,insanların dünyaya felsefi bakış açısında değişiklikler yaparken, bu değişim hiç acele etmeden ve bir ahestelik içinde oldu.

Tıpkı göklerde galaksi,yıldız,gezegen ve asteroitlerin,kuyruklu yıldızların ömürlerinin milyonlarca milyarlarca yıl olması gibi.

Acaba ilk iki ayda kaç ayet inmişti?Ya da ilk beş yılda Kur'an kaç sayfa idi?..

İnsanlar hemen içkiyi bırakmadılar,kadınlar hemen başörtü takmadılar,insanlar hemen faizden vazgeçmediler.Kimse hiçbirşeye zorlanmadı.İnanan herkes zamanı gelince herşeye gönüllü idi.Kur an hemen içkiyi yasaklamadı,ilk günden başörtüsü ayeti inmedi.Bu ahestelik, yakın zamana kadar bağnaz bir coğrafyada <u>toplumda</u>, kadın- erkek- çocuk hakları ve insan değerinin yerine oturtulması açısından bir bakış açısı ve nasihat verirken, **uzun yıllar boyunca da insanların kendi bağnazlık ve inatlarını dindenmiş gibi sunmasını engelledi**.

Yaşanan yirmi iki yıl ve dört halife devri çok çarpıcı idi.

Hz.Ömer devlet başkanı olduğu halde, üstünde nasıl o kumaştan bir elbise olduğu sorulabiliyordu.Herkesin payına düşen bir parçadan bir elbise çıkmıyordu.

Ömer üzerindeki elbise kumaşının diğer yarısının oğluna ait olduğunu söyleyerek hesap veriyordu.

Ömer'in tarihte geçen ''cellalle hakikati haykırması'' <u>bağırıp çağırma değildi</u>.Kendi benliği adına bir öfke olmaksızın,hakikatin hakikat olduğuna inanarak yüksek perdeden haykırmasıydı.

<u>Yapıcılık anlamında herşey, Kıta Avrupası'nın Ortaçağı'ndan çok farklı idi.</u>

Ancak <u>insan söz konusu ise</u> ideal olanın ideal bir peryot içinde sürdürülebilir olması her zaman mümkün değildir.İnsan sayısınca zaaflar ve kuvvetli yanlar,artı ve eksiler vardır.

Dolayısıyla iktidar hırsları, kendi tarafını üstün saymak,nefsini bilememek, yakınlarını kollamak ve benzer etkilerle zaman zaman, bölge bölge <u>Müslümanca yaşayışa</u> Hz.Muhammed in anlayışına uygun olmayan bir üslup da katılmıştır.Tarih bunun izini sürmeye fırsat verir.

Çağlar içinde Kıta Avrupası'ndan farklı olarak Müslüman topluluklarda da insanlar kendi düşüncelerini kendi benliğinin isteklerini dindenmiş gibi yaşayıp sunabilmişledir.

Bu durum bilgiden,sosyolojik ve psikolojik gerçeklerden kopmayı ve kadının –erkeğin- çocuğun, <u>çağın yetkinlik ve anlayışından</u> uzaklaşmasını salık vermiştir.

Bir yükseliş döneminin ardından Osmanlı İmparatorluğu'ndaki çöküşte <u>yer yer</u> bunların izini sürmek mümkündür.Yeni bilim insanları neden yetiştirilememiştir?

<u>Toplumun sosyolojik çıkmazlara uğramaması-insanların psikolojik ve reel haksızlıklara uğramaması-çağının her anlamda yetkinliğinden uzaklaşmaması adına,</u> dikkatten kaçırmaması gereken bir dinamik şu olmalıdır:

Yönetim sistemlerini insanların zaaflarının ve olası bağnazlıklarının yanlış yaptıramayacağı bir şekilde kurmaktır.

Bu anlamda İslam kültüründe görevi isteyene değil de istemeyene vermek prensibi anlaşılırdır.İstekler zaaflar/kişinin zayıf yanı da olabilmektedir.

Bilim üsleri yüzyıllık dönemlere göre farklılıklar göstermiştir.

Sekizinci yüzyıldan onaltıncı yüzyıla kadar bahsi geçen coğrafyada bilim insanlarının yaşadığı Türk İslam topraklarında bugünkü bilimsel tüm dinamiklerin temelleri atılmış.

Kıta Avrupası bin yıllık bir sessizlikte.

Ama on beşinci yüzyıldan itibaren bu sessizlik bilimsel ve sosyolojik anlamda yön değiştirmeye başlayacak,bilim üsleri Avrupa ve oradan Amerika'ya kadar kayacaktır.

Uzak Doğu'da önemli bir bilim üssü olacaktır.

Sekizinci yüzyıldan itibaren Türklerle İslam Devleti'nin sınırları kafa kafaya gelir.Ve Türklerin İslamiyeti kabul etmesiyle coğrafyada önemli kalıcılıklar ve yenilikler oluşmaya başlar.

İşte Rey şehri,Nişabur,Güneydoğu Anadolu,İstanbul,Fas ve İspanya- Kurtuba bu yüzyıllarda dünyanın bilim üsleridir.

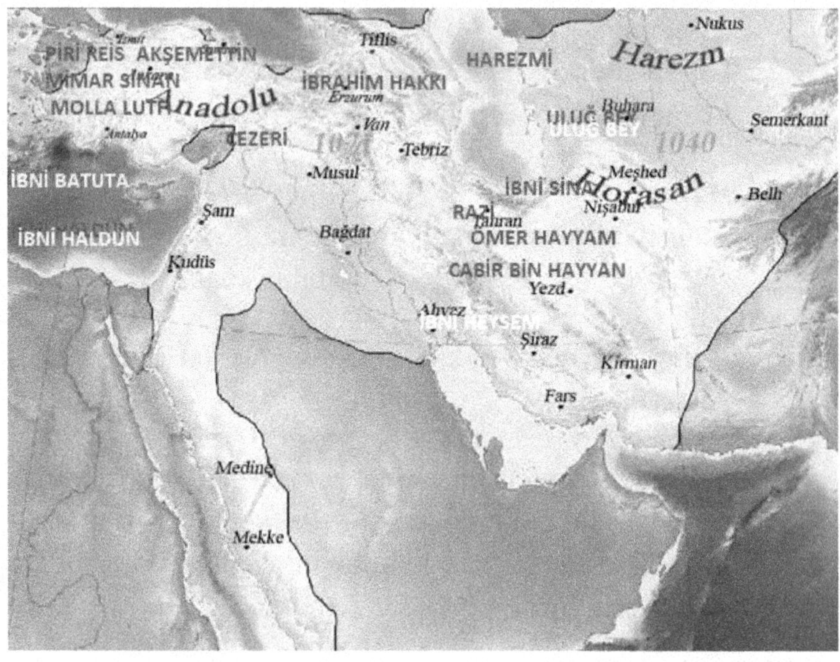

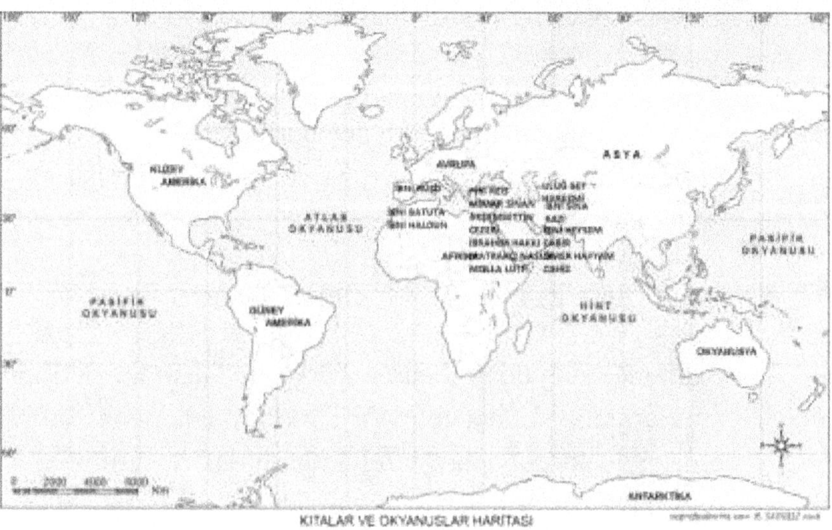

Türkler özellikle Matematikte biribirinden değişik konularda birbirinden farklı bilim insanlarıyla çığır açarlar.

Dünya haritası çizimleri çok önemsenir.

Hayvanlar alemi,bitkiler alemi,insan anatomisi tanımlanır.Bilimsel sınıflandırmalar yapılır.İlk ameliyatlar yapmaya başlanır.

Hastalıklar hastalıklar arasındaki farklar tedaviler çağına göre tanımlanır.verem-kızamık vb..

Astronomide önemli rasathaneler oluşturulur.Yıldızlar ve gezegenler üzerine eserler yazılır.Yörüngeler ele alınır.

Bugün sibernetik dahil,akla gelen hangi bilim dalı varsa temelleri atılır.

Bu bilginin yolculuğunda çok doğan bir akıştır.Bilgi merak sensörleri açık insanların sorularına anlamlı ve yaşamı kolaylaştırıcı cevaplar verir.Merak sensörleri,sorular neredeyse bilim bilgi ve cevaplar da orada olacaktır.

Ki Özbekistan, Horasan ve Rey şehirleri,Kurtuba şehri,İstanbul,Güneydoğu Anadolu gibi yerler bu sekizinci ve onaltıncı yüzyıllar arasında bilim üssü iken,bilim üsleri buradan sonraki dönemde batıya göç etmiştir.

Aslında göç eden taa çocukluktan başlayarak soru soran,merak duygusu canlı ,düşünen insan zihniyetidir.

Yakın zamana kadar çocukların bazı sorularına büyüklerin verdiği cevap halaa hafızalarda saklıdır:Sus! Günah!

İşte bu da bir toplumun eğitim donanımının eksikliğinin, iyi niyetli ve inancına sahip çıkan bir kalp ile ifadesiydi.Ama gelen nesli geri geri ittirmeye sebep olan,muhatabında farklı düşünce ve davranış tepkilerine sebep olan bir yaklaşımdı.Hiçbirşeyi halletmiyor ve ne kendini ne muhatabını imar etmiyordu.

Harita üzerinde sekizinci yüzyıldan onaltıncı yüzyıla kadar meşhur bilim insanı sayısına bakarsak yüzyıl başına muhtemelen üç tane bilim insanı yetiştiğini göreceğiz.Öğrencileri hariç.

Yani bu tablo bir bilim insanının ne kadar zor yetiştiğini o dönem itibariyle gözler önüne sermektedir.

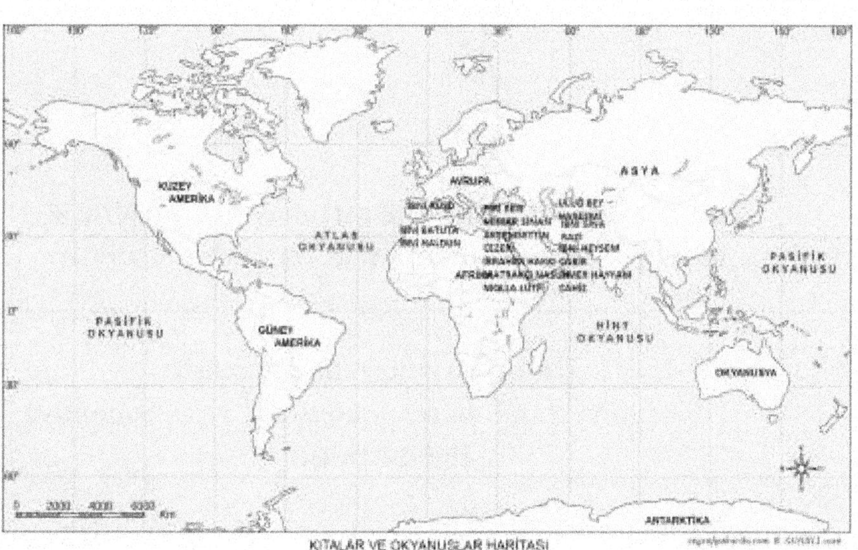

ALİ KUŞCU

Ümit Burnu, Amerika ve Japonyanın varlığından bahseden ilk bilim adamıdır.

Bu yüzyıldaki matematik astronomi corafya tıp felsefe fizik gibi dallarda tam yetkin bir kişiliktir.

**On beşinci yüzyılda yaşamıştır.
Küçük yaştan itibaren matematik ve astronomiye ilgi duymuştur.**

Yıldız hareketleri üzerine ve matematik üzerine bir eseri vardır.

BİRUNİ(973 – 1051)

Onuncu yüzyıl Türk bilim insanıdır.

FARGANİ

Dokuzuncu yüzyıl

Astronom

Bu anlamda sağlığında Hz.Muhammed'in İstanbul'un fethini haber vermesi kuru bir cihan kavgası ya da Roma imparatorluğunun yıkılmasından ibaret bir şeyin haberi değildir.Evrensel çapta bir değişimin tıpkı madde ve manada süregelip devam etmesi gibi, ilim sanat bilim ve tekniğin, kara ve deniz yolları seyahatlerinin **dolayısıyla toplumlar arası etkileşimin zirve yapacağı bir dönemin başlayıp, devam edeceğinin de bir açıdan işareti gibidir.**

Ki Avrupa ve Osmanlı da birçok sanatçı ya da başka alanlarda zirve birçok isim tarihteki yerini almıştır.Gelen yüzyıllar boyunca almaya da devam etmektedir.

Belki Kanuni Sultan Süleyman yükseliş döneminin padişahı olarak bunu güzel ifade etmiştir:

Saltanat dedikleri bir cihan kavgasıdır

Olmaya devlet cihanda bir nefes sıhhat gibi…

Bahsedilen sıhhat şüphesiz hem bedenen hem de ruhen olan birşeydir.

Yani **zinde ve sağlıklı bir insan** temasının altı çizilmektedir.

İkinci Kavimler Göçü sürekli el değiştiren Trakya ve Anadolu topraklarını kalıcı olarak Türklere yurt haline getirmiştir.Türkler bin yılı aşan bir süredir Anadolu'yu yurt edinmişlerdir.

Bu yurt edilişte şu farkı gözönünde bulundurmalıdır:Anadolu,Mezopotamya,Ortadoğu gibi bu geniş alanda daima gevşek bir idare-otorite olmuş,sıradan insanlar ile sınıf üstünlüğü olanlar arasında bir hiyerarşi süregelmiştir.Bin yıl içinde üç peygamber Ortadoğu'da neşet etmiştir.Hz.Yahya,Hz.İsa,Hz.Muhammed

Türkler bu topraklarda -daha önceki medeniyetlerde görülmemiş ölçüde- yaptıkları yapılarla, sıradan ya da sıradan olmayan herkesin eşit şekilde faydalanabileceği hanlar, hamamlar, kervansaraylar,köprüler, çeşmeler, ibadet alanları vb.. yaptıkları çalışmalarla bu toprakları **inceden inceye işlemiş ve bir medeniyet oluşturmuşlardır.**

İstanbul'un fethi ile yeni çağ başlarken Avrupa'da akla uygun değerlerle ve kurallarla örüntülü,yeni fikir ve gelişmelere ,sanata açık bir yeni uyanışa geçmiştir.

Bu uyanışla birlikte Osmanlı İmparatorluğu'ndaki yükselişin paralel olması insanlık tarihi için önemli bir aşamadır.

.

ON DOKUZUNCU YÜZYIL

1800'lü yıllarda Avrupa Kıtası'nda bir grup hukukçu üç yüzyıl boyunca hukuk üzerine çalışmalar yapmışlardır.

Enteresandır ki, Roma İmparatorluğu milattan önceki yıllardan başlayarak tam beş yüz yıl Cumhuriyet ile yönetilmiştir.Romalılar bu devrede, Roma Hukuku diye adlandırılan, sınıf farklılığı ile mücadele ve bireysel olarak tüm fertlerin eşit ve adil yargılanması için yazılı kanunlar hazırlayıp, on iki levha halinde yazarak şehir meydanına asmışlardır.Bu kanunlar

141 yıl meydanda asılı kalmış savaş bozgunlarıyla önce meydandan sonra yıllar geçtikçe pratik hayattan kopmuşlardır.

Bu çalışmalar milattan önceki tarihlere aittir.

İmparatorluğun bu ilk yazılı kanunları, akıl- tecrübe ve yargılamada eşitlik orjinli bir bakış açısıyla on iki kişilik bir komisyon tarafından hazırlanmış ve o dönemde sınıfsal farklılıkları gidermesi yüz yılı bulmuştur.

İnsanın bireysel hayatındaki unutkanlıklar gibi, toplumsal hayatta da unutkanlıklar vardır.İşte bu kurallar da, taht kavgaları içinde unutulmuştur:Gücü elinde bulunduran sınıfların ya da din diye saf bir inanca ,kendi insitiyatif ve anlayışsızlıklarını karıştıran din adamlarının pratiğine mağlup olmuştur.

Savaşlar ve ortaçağın basiretsizliği bir yandan, deniz yolculuklarıyla yeni keşifler ve ekonomik kalkınma sağlayacak gelişmelerin olması bir yandan derken-13.yydan 17.yy a Bologna, Campridge ve Oxford üniversiteleri başta olmak üzere kıta Avrupası'nın hukukçuları, Roma hukukuna dair yeni veriler keşfettikçe ,ülkelerinde akılcı ve eşitlik üzere hep yeni hukuk güncellemeleri yapagelmiştir.

1800'lü yıllarda artık Almanya' nın Belçika' nın Fransa' nın vb..kendi hukukları vardır. Osmanlı imparatorluğu dağılma devrine girmiştir.Yeni bilim adamları yetiştirilememektedir.

Ekonomik üstünlük yeni deniz yolları keşfedilmesiyle Avrupa lehine seyretmektedir. Ve insanlığı tam iki tane dünya savaşı beklemektedir.

İkinci Dünya Savaşı'nın bitimine kadar, insanlık tarihinde insanlık adına çok değerler kaybedilmiştir.

Almanya Birinci ve İkinci Dünya Savaşı' ndan mağlubiyetle , insanlık tarihi ve vicdanı için derin izlerle çıkmıştır.

Birinci Dünya Savaşı'ndan sonra ,Osmanlı imparatorluğu yıkılmıştır.Türkiye Cumhuriyeti Devleti kurulmuştur: Ticaret ve denizcilik kanunu Almanya' dan, medeni kanun Fransa'dan vb.alınarak, hızlı bir hukuk adaptasyonu sağlanmaya çalışılmıştır.

İşte hafızası kendine gelen kıta Avrupası, İkinci Dünya Savaşı'ndan sonra aynı acıların yaşanmaması için temel disiplinler ve birlikler geliştirmeye ve herşeyi kayda geçirmeye başlamıştır.

Kıta Avrupası'ndaki ülkeler,hükümetler arası medeni/ çağdaş/ ekonomik ve siyasal kalkınma içeren/ disiplinlere gitmeye başlamışlardır.

Bu disiplinler kurumsallaşmıştır.

Birleşmiş Milletler

Avrupa Konseyi

Avrupa İnsan Hakları Mahkemesi vb.

YİRMİNCİ YÜZYIL

19.yüzyılda dünyada milliyet ilkesiyle yeni devletler oluşurken, Avrupa'da bir sanayii toplumu belirir.Önce Kapitalizm sonrasında Sosyalizm belirir..Bilim ve teknoloji etkili bir birliktelikle sanayii devrimi sağlar ve yeni buluşlar ortaya çıkar.Telgraf, telefon vb..

Oluşan işçi sınıfında erkek, kadın ve çocuğun ezildiği gözlenir, kentleşme ile birlikte yaşam düzeyi yükselmiştir.

20.yüzyıla geçerken, 20.yy insanlık için adeta bir önceki yüzyılın sonuçları ya da bir birikimsel bir aktivasyon denemesi gibi olur.

20. yüzyılda çok belirgin olaylar vardır:

1.Dünya Savaşı yaşanır.

Rus devrimi

Kadınlara dünyada ilk kez oy hakkı tanınması 1907 Finlandiya.Türkiye Cumhuriyeti' de bu aydın bakış açışısına 1934'te adapte olmuştur.

Almanya ve İkinci Dünya Savaşı

Japonya'nın Amerika'nın Pearl Horbor limanına saldırısı   1941

2.Dünya Savaşı' nın bitişi

Atom bombaları 1945

Birleşmiş Milletlerin kuruluşu 1945

İsrail' in kuruluşu 1948

Keneddy suikasti

Apollo 11 in Ay'a inişi 1969

Çernobil faciası 1986

Berlin Duvarı'nın yıkılması 1989

Apartheid' in sonu 1994/ ırkçı ayrımcılığın sonu:Günümüze ne kadar yakın bir tarih!

Yani ülkeler arası birliktelik ve kıtalarası hareketlilik.Ve uzaya yolculuk!

Bir yandan barışa bir yandan savaşa dair,bir yandan ölüm bir yandan yaşama dair ciddi bir hareketlilik.

YİRMİNCİ BİRİNCİ YÜZYIL

Henüz yirmi birinci yüzyılın ilk çeyreğinde bile değiliz.

On Dokuzucu Yüzyılın tezleri ve yirminci yüzyılın birliktelik ve hareketliliğinin <u>sonuçları açısından,küresellik biçimi,fütürizm çalışmaları,savaş ve barış açısından değerlendirme</u>,

yirmi birinci yüzyılda dünya insanlığı için savaşı korkunç boyutlarda,barışı da inanılmaz kolaylıklı bir dünya olarak bize sunacaktır.

<u>Tiyatro sanatının gelişiminde de,insanlık gelişiminin bütün seyri görülebilir.</u>

Tiyatro; insanlığın evrene dair sorularının, arayışlarının ,korku ve ümitlerinin kısacası duygu, düşünce ve ruh dünyasının bir yansımasıdır.

Tiyatronun tarih içindeki seyrinin ,özgür bırakılması çok önemlidir.

Çünkü tiyatro tarihe bir izdüşümdür...

Bütün bir insanlık tarihi, tek bir insanmış gibi düşünülürse; günümüzde insanlık tarihi ,sanki otuz beş kırk yaşlarındadır…**Tiyatronun tarihine de, iz düşümleriyle bakılırsa ; sanki tiyatrolar otuzbeş kırk yaşlarındadır.**

Yani insanlık tarihinin; adeta emekleme, çocukluk, ergenlik dönemi olmuştur da; şimdi olgunluk çağındadır.

Çıkmaya çalışan ama bir türlü çıkamayan üçüncü dünya savaşı bunun açık görünüşüdür.İnsanlık; iki defa dünya savaşı tecrübesi yaşamıştır.

İnsanlık,maddedeki değişim ve enerji kabiliyetini; atom bombası patlatarak tecrübe etmiştir.

Ne savaşlar,ne de bombalar yaşayan sıradan insanların yüzünü güldürmemiştir.

İnsanlık bilinci, tarihindeki ;eşitsizlik ,bağnazlık ,anlayışsızlık hatıralarını bir kenara bırakmış ve bunu küresel bir etkinlikte "Evrensel İnsan Hakları Bildirgesi" yle; dünyanın neresinde olursa olsun ;dünyaya gelen her bireyin hürriyet ,güvenlik, beslenme ve barınma gibi bütün haklarını deklare edebilmiştir. Bunu ülkelerde temel hukuk disiplini olarak işlevselleşmesini desteklemiştir.

Bilim adamları hakettiği saygınlığa ulaşmış, bir inanç olarak semavi dinler ;bireylerin hayatında kabul edilmiş;saf bir inanca -hangisi olursa olsun farketmez – bulanıklık veren ve dogma olarak nitelendirilen şartların;insanların kendi eşitsizlik ve adaletsizliğinin ürettiği dogmalar olduğu; ayan beyan meydana çıkmıştır:

Mesela Hristiyanlığın ilk yıllarında, köleler bile din adamı olabilirken ;bazı üst tabaka insanlar, artık kölelerin din adamı olmasının önüne geçebilmişlerdir...Oysa hz.İsa 'nın daveti eşitlik üzerinedir.Halk da bu davetin eşitlik içermesini sevmiştir.

Sonra gün gelmiş bilim adamları; savundukları bilimsel gerçekler yüzünden din adına yakılmıştır.Bu olaylar ;insanların, toplulukların kendi düşünce dünyalarının kabul etmediği şeyleri;dindenmiş gibi göstermesidir.Belki bunu o dönem kendileri bile farkında değillerdir.

Bu acı ve haksızlık yapılmış hayatların; arkada bıraktığı acı tecrübelerden; insanlık tarihinin evrensel esaslar çıkarması; müthiş bir yetkinliktir.

Bütün bunlar olurken; tiyatrolar 17.yüzyılda İngiltere 'de dinsel nedenlerle yasaklanmış; içerik üretme adına tiyatro;bir duraklama dönemine girmiştir.

İnsanlar,kafalarındaki yasaklara; hep dinden bir neden bulmuşlardır.Oysa dinler, müntesiplerine; erdemsel değerlere ,peygamberleri aracılığıyla vurgu yaparlar: Eşitlik gibi..İnsan hayatının kutsallığı vb.gibi...

Ama dönüp dolaşıp eşitsizlik yapan; savaş çıkaran insanoğludur.

Tiyatrolar; insanlığın ilk emekleme dönemiyle başlar desek yeridir.MÖ 40 bin ila 10 bin yılları arasındaki mağara resimlerinde ;insanların maske ve kostüm kullanarak, ritmik hareketler yaptığına dair örnekler bulunmuştur.

Mesela yağmurun yağması ya da avda başarılı olmak için yapılan topluca dansların; tiyatro kavramında ilk temeller olduğu ifade edilmektedir.

Tiyatro kelime anlamı olarak:seyirlik yer anlamındadır.

Milattan önceki devletlerin, imparatorlukların ve milat dönemiyle devam edegelen toplumların; tiyatroları,tapınakları ,seyirlik yerleri hep olmuştur.

Makedonya İmparatorluğu toprakları; milattan önceki yıllarda tüm Trakya' dan taa Hindistan'a kadar uzanmıştır.Günümüz Türkiye topraklarında bir dönem İskender'in imparatorluğu hüküm sürmüştür.Daha sonra da bu topraklarda,Roma İmparatorluğu ;Trakya 'dan Anadolu'ya ve birçok Ortadoğu topraklarını içine alacak şekilde hüküm sürmüştür.

Türkiye'de bir çok antik yapı ve antik tiyatrolar ;bu dönem izleri taşır.

Efes, Pergamon, Milet, Myra vb..

Atina şehir devleti döneminde de; Roma Dönemi'nde de ;savaşlar ,trajediler ,komediler bu seyirlik alanların konusu olmuştur.

Roma Dönemi'nde şu an iki bin yaşlarında olan Collezyum yapılmış ve gladyatör savaşları büyük arenalarda insanlar ve hayvanlar ölerek/

öldürülerek yapılır olmuştur.Bu ortamlar da o gün için seyirlik yerlerdir ve toplumunun aynasıdır.

Roma Dönemi'nde sokak dansı ve akrobasi de; yapılan etkinlikler arasındadır.

Çin 'de de ;milattan önce 1600' lü yıllardan başlayan ;tiyatroya dair atıflar vardır.Milattan sonraki ilk zamanlarda; akrobasi ,müzik içeren oyunlar ,danslar sergileniyor ve seyrediliyordu.

Hindistan 'da da ;milattan önce 140 yıllarında dans müzik vb..etkinlikler sergilenmiştir.

18.yyda ; Batı tiyatrosunda sahneye kadın çıkarılmasına izin verilmiştir.

19. yyda ;sosyalizm, kapitalizm yorumları; emek, emeğin paylaşımı ,eşit toplum ,eşit saygınlık gibi değerler olgunlaşarak; disipline edilmesinin zeminine ulaşılmıştır.Sanayii devrimi, kentleşme; kadın,erkek, çocuk demeden çalışıp para kazanma deneyimi; birçok temel hak disiplinlerini düşündürmüş ve şekillendirerek günümüze ulaştırmıştır.Halen de, bu konularda; yer yer önemli eksiklikler vardır.

19.yyda; tıpkı resim sanatında olduğu gibi, tiyatroda da; doğalcılık, realizm, proto ekspresyonizm/dışa vurumculuk gibi akımlar vardır.

20.yyda:

Kadınlar ülke ülke seçme ve seçilme hakkını kazanmışlardır. Afrika' da ırkçı ayrımcılığın sonuna varılmış; Bileşmiş Milletler kurulmuş ;spor da uluslararası basketbol futbol şampiyonaları düzenlenmeye başlanmıştır. Ve tiyatrolar; her zaman özgürlüğü savunmuşlar;sosyolojik bir yapı olarak ailedeki ve toplumsal yapıdaki resmi gösteren bir ayna olmuşlardır.

Aynaya bakmayı mı sevmiyoruz?…Aynada biz varız…Ne kadar eksik, ne kadar silik, ne kadar duygu dolu, ne kadar coşkun olduğumuz var…

Tiyatrolar üretken olmalı, tarihinin birikim olarak bu zirve döneminde; zirve eserlere imza atmalılardır.

www.ingramcontent.com/pod-product-compliance
Lightning Source LLC
Chambersburg PA
CBHW072341270726
48659CB00023B/2167